EL JARRÓN AMARILLO

EL JARRÓN AMARILLO
Título original: "The Yellow Jar"
Primera edición: julio 2003
© 2002 Patrick Atangan, represented by NBM Publishing. USA
© 2003 NORMA Editorial por la edición en castellano
Fluvià, 89. 08019 Barcelona
Tel.: 93 303 68 20. – Fax: 93 303 68 31
E-mail: norma@normaeditorial.com
Traducción: Carles M. Miralles
Depósito legal: B-26984-2003. ISBN: 84-8431-748-X
Printed in China

www.NormaEditorial.com

El Jarrón Amarillo

Amarillo

Dos relatos de la tradición japonesa

Patrick Atangan

Introducción por P. Craig RUSSELL

Hace unos cuantos años, mi colega dibujante de cómics Brian Apthorp me envió un paquete con unas muestras del trabajo de un joven estudiante suyo. Viendo similitudes de temperamento, estilo e influencias entre el trabajo de Patrick y el mío propio, en particular de los grabados japoneses y del Art Nouveau europeo (lo que me envió fue una historia de Batman dibujada al estilo de las vidrieras Art Nouveau), me preguntó si yo tendría alguna sugerencia que hacerle a este dotado artista. Patrick y yo nos pusimos en contacto al poco tiempo y él empezó a enviarme copias de sus últimos trabajos a través del correo y del e-mail.

A diferencia de muchos otros jóvenes dibujantes que a lo largo de los años me han mostrado su trabajo con la intención de obtener una crítica y con los que he pasado una hora o dos, haciendo algunas indicaciones sobre técnicas narrativas, composición, presentación, etc., y de los que luego no he vuelto a oír hablar, Patrick se tomó en serio los nuevos retos y posibilidades que yo le había propuesto y volvió unas semanas más tarde con una historia totalmente nueva. Cada nuevo trabajo presentaba una significativa mejora con respecto al anterior. Su evolución artística se podía seguir, literalmente, semana a semana. Era algo muy emocionante de presenciar.

Patrick, un joven algo tímido aún (se le pasará), no acababa de decidirse y fue un placer para mí acompañarle a la convención de cómics de San Diego hace un par de años y presentarle a él y su obra a los editores de media docena de editoriales "alternativas" (es decir, las que están fuera de la corriente marcada por los cómics de superhéroes de Marvel y DC). Varios de ellos expresaron inmediatamente su interés, y observé con especial atención cómo Thierry Nantier de NBM se sentaba con él y cuidadosamente encauzaba su trabajo, criticando y sugiriendo, como felizmente noté, con el respeto que un editor muestra hacia el trabajo de un artista que no va a ser mandado de vuelta a la mesa de dibujo, sino que va a ser publicado.

Creo que *El jarrón amarillo*, el libro que resultó de la primera reunión entre Patrick y Thierry, es una obra asombrosa, y es para mí un gran placer escribir la introducción de la primera publicación de este joven dibujante.

Brindo porque haya muchos más.

ÉRASE UNA VEZ...

EN LA TIERRA QUE LLAMAMOS JAPÓN...

UN PUEBLECITO MUY TRANQUILO, FAMOSO POR SUS SEDAS AMARILLAS Y DE ÍNDIGO.

EN ESTE PUEBLO VIVÍA UN HUMILDE PESCADOR...

LLAMADO NIKOTUCHI.

EL JARRÓN AMARILLO

UN DÍA, MIENTRAS PESCABA...

Hmmm... ¿QUÉ HABRÁ DENTRO?

ENCONTRÓ UN GRAN JARRÓN AMARILLO, QUE FLOTABA EN EL MAR.

SENTÍA CURIOSIDAD POR ÉL, PERO TEMÍA QUE ALGUIEN SE LO INTENTARA ROBAR...

¡SEGURAMENTE, ES ALGO DE GRAN VALOR!

SE LO LLEVÓ PARA ABRIR EL TESORO EN LA INTIMIDAD DEL HOGAR.

QUIZÁ ES EL BOTÍN DE UN PIRATA O EL JARRÓN DE ESPECIAS DEL EMPERADOR.

PERO CUANDO LO ABRIÓ...

EN LUGAR DE UN ALIJO DE PERLAS Y GEMAS O UN SURTIDO DE HIERBAS Y ESPECIAS EXÓTICAS...

NIKOTUCHI ENCONTRÓ ALGO DE MUCHO MÁS VALOR, AUNQUE NO SE DIO CUENTA DE ELLO EN ESE MOMENTO.

¿QUÉ ES ESTO? NO ES UN TESORO...

DENTRO DEL JARRÓN DORMÍA UNA BELLA DONCELLA, CON UN HERMOSO VESTIDO DE SEDA AMARILLA.

DECEPCIONADO POR NO HABER HALLADO UN TESORO, GUARDÓ COMO RECOMPENSA EL JARRÓN.

DEJÓ A LA DONCELLA EN SU CASA Y SE LLEVÓ EL JARRÓN...

¡HMFFF! NADA DE NADA.

Y LO ENTERRÓ EN EL JARDÍN, BAJO UN SAUCE.

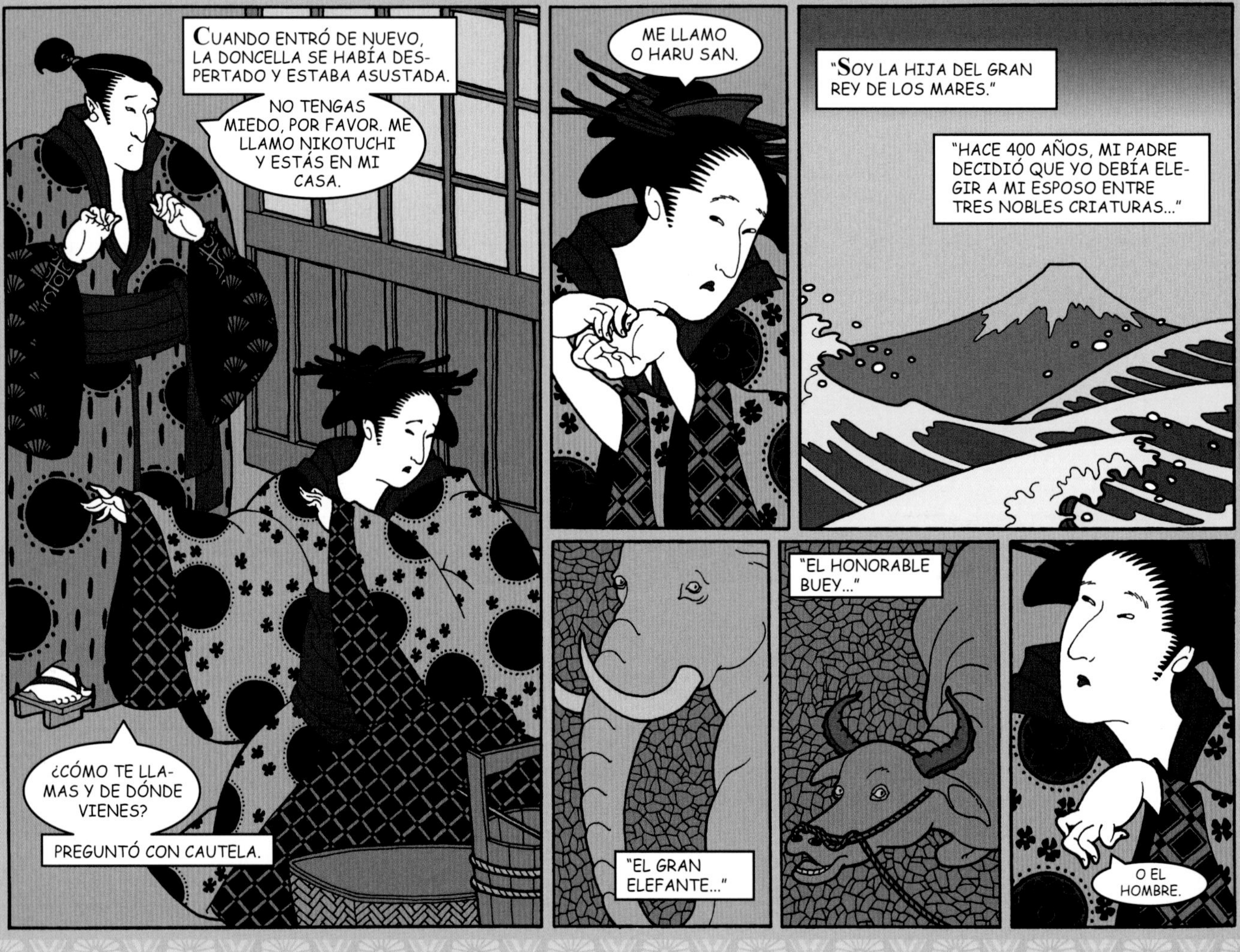
CUANDO ENTRÓ DE NUEVO, LA DONCELLA SE HABÍA DESPERTADO Y ESTABA ASUSTADA.
NO TENGAS MIEDO, POR FAVOR. ME LLAMO NIKOTUCHI Y ESTÁS EN MI CASA.
¿CÓMO TE LLAMAS Y DE DÓNDE VIENES?
PREGUNTÓ CON CAUTELA.
ME LLAMO O HARU SAN.
"SOY LA HIJA DEL GRAN REY DE LOS MARES."
"HACE 400 AÑOS, MI PADRE DECIDIÓ QUE YO DEBÍA ELEGIR A MI ESPOSO ENTRE TRES NOBLES CRIATURAS..."
"EL GRAN ELEFANTE..."
"EL HONORABLE BUEY..."
O EL HOMBRE.

"MI PADRE ME DIO UN JARRÓN MÁGICO PARA PODER VIAJAR POR EL MUNDO EN BUSCA DE MI PAREJA."

"ENCONTRÉ AL ELEFANTE Y AL BUEY, Y ME PRESENTÉ COMO UNA COLORIDA GALLINA. PERO EL ELEFANTE SE MOSTRÓ DEMASIADO ENGREÍDO..."

TUS PLUMAS SON BRILLANTES, O HARU SAN...

PERO NINGUNA ES TAN BELLA COMO YO.

"Y EL BUEY CASI NO ME HABLÓ."

NO HAY QUE HABLAR CUANDO HAY TRABAJO QUE HACER.

ASÍ QUE, SIN PAREJA, SEGUÍ SURCANDO LOS MARES EN BUSCA DEL...

COMPAÑERO IDEAL.

POR FAVOR, LIBÉRAME Y DÉJAME VOLVER A MI JARRÓN AMARILLO PARA ENCONTRAR UN MARIDO.

COMO NO QUERÍA QUE O HARU SAN LE QUITARA EL JARRÓN Y LE DEJASE SIN NADA, LE DIJO...

NO TEMAS, NO ERES MI PRISIONERA. PERO ME TEMO QUE TE SEPARASTE DEL JARRÓN EN EL MAR. YO TE ENCONTRÉ FLOTANDO EN EL AGUA, CERCA DE MI BARCA.

UNA MENTIRA.

ASÍ PUES, MI BÚSQUEDA HA FRACASADO.

SI NO HE PODIDO HALLAR UN BUEN MARIDO EN EL REINO DE LAS BESTIAS, ESTOY SEGURA DE QUE SÓLO ENCONTRARÉ TONTOS EN EL REINO DE LOS HOMBRES.

POR FAVOR, O HARU SAN, DÉJAME PROBAR QUE EL HOMBRE PUEDE CASARSE CON ALGUIEN TAN MARAVILLOSA COMO TÚ.

¿CASARME CON UN HOMBRE?

NUNCA LO HABÍA CONSIDERADO SERIAMENTE.

ME CASARÉ CONTIGO CON UNA CONDICIÓN... QUE SIEMPRE ME DIGAS LA VERDAD.

ASÍ QUE NIKOTUCHI Y LA PRINCESA SE CASARON, Y VIVIERON FELICES EN LA HUMILDE CASA DE LA COSTA.

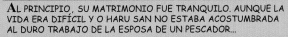

AL PRINCIPIO, SU MATRIMONIO FUE TRANQUILO. AUNQUE LA VIDA ERA DIFÍCIL Y O HARU SAN NO ESTABA ACOSTUMBRADA AL DURO TRABAJO DE LA ESPOSA DE UN PESCADOR...

SE SENTÍA FELIZ.

PERO ALGO LE PREOCUPABA.

CUANDO O HARU SAN INTENTABA IR AL JARDÍN DE NIKOTUCHI A POR FRUTA O VERDURA, ÉL SIEMPRE INTENTABA DETENERLA.

POR FAVOR, O HARU SAN, DÉJAME A MÍ.

DURANTE MESES, SU MARIDO SIGUIÓ COMPORTÁNDOSE DE FORMA EXTRAÑA, HASTA QUE ELLA EMPEZÓ A SOSPECHAR DE SUS INTENCIONES.

¿QUÉ ESCONDERÁ?

Y UN DÍA...

QUE NIKOTUCHI HABÍA SALIDO A PESCAR...

SALIÓ SIGILOSAMENTE AL JARDÍN PARA DESCUBRIR SU SECRETO.

LA TIERRA AQUÍ ESTÁ FRESCA.

COMENZÓ A CAVAR.

Y CAVÓ HASTA QUE LOS NUDILLOS LE EMPEZARON A SANGRAR.

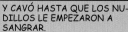

¡OH!

ENTERRADO BAJO EL SAUCE ESTABA SU HERMOSO JARRÓN AMARILLO.

SU MARIDO NO LE HABÍA DICHO LA VERDAD...

Y AUNQUE SENTÍA CARIÑO POR ÉL, O HARU SAN SABÍA QUE DEBÍA PARTIR.

EMPEZÓ A LLORAR...

Y LLORAR.

LLORÓ TANTO QUE EL ARROYO CRECIÓ Y CRECIÓ...

ENTONCES, DEL LUGAR DONDE LLORABA, NACIÓ UN ARROYO.

HASTA CONVERTIRSE EN UN RÍO Y DESEMBOCAR EN EL OCÉANO.

Y SE EMBARCÓ EN EL JARRÓN AMARILLO.

Cuando Nikotuchi volvió de pescar, notó algo extraño. La casa no olía al arroz dulce y perfumado que O Haru san le preparaba...

Ni ella estaba para besarlo.

O Haru san le había abandonado y, antes de llegar al jardín, ya imaginaba la razón.

¿O Haru san?

¿O Haru san?

SIN O HARU SAN, LA CASA PARECÍA VACÍA.

EL RÍO DE LÁGRIMAS QUE HABÍA MANADO DEL JARDÍN DE NIKO-TUCHI...

AHORA ERA UN CHARCO.

PASARON LOS DÍAS Y NIKOTUCHI SÓLO PENSA-BA EN SU ESPOSA, QUE LO HABÍA ABANDONADO...

HASTA QUE, DESCONSOLADO Y SOLO, SE HIZO A LA MAR...

EN BUSCA DE O HARU SAN.

CON GRAN RESOLUCIÓN, NIKOTUCHI SE ENFRENTÓ A LAS HELADAS CORRIENTES DEL OCÉANO.

VIAJÓ HASTA QUE ACABÓ PERDIDO EN UN PEQUEÑO PUEBLO PORTUARIO.

DURANTE TRES AÑOS BUSCÓ A SU AMADA O HARU SAN DESESPERADAMENTE, VIAJÓ A TIERRAS EXTRAÑAS Y LEJANAS, VIO LAS CRIATURAS MÁS RARAS Y CONOCIÓ GENTE DE GRAN RENOMBRE.

TEMO QUE NUNCA ENCONTRARÉ A O HARU SAN.

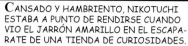

CANSADO Y HAMBRIENTO, NIKOTUCHI ESTABA A PUNTO DE RENDIRSE CUANDO VIO EL JARRÓN AMARILLO EN EL ESCAPARATE DE UNA TIENDA DE CURIOSIDADES.

¡EL JARRÓN DE O HARU SAN!

¿TE GUSTA MI JARRÓN, VIAJERO? ESTÁ HECHO DE LA MEJOR PIEDRA.

TE ASEGURO QUE ES EXCEPCIONAL. UNA BELLA REPRODUCCIÓN DEL JARRÓN DEL GUERRERO HOSO NO KAMI.

"¿Y QUÉ DEBO HACER PARA ENCONTRAR EL JARRÓN **ORIGINAL**?", PREGUNTÓ NIKOTUCHI.

TIENE UN GUSTO PELIGROSO.

HOSO NO KAMI VIVE EN UNA FORTALEZA EN LA CIMA DE LA MONTAÑA, SOBRE ESTE PUEBLO.

TENGA MUCHO CUIDADO, YA QUE GUARDA SUS TESOROS CON GRAN CELO.

CON PALABRAS OMINOSAS, EL MERCADER DE OJOS TENEBROSOS LE ADVIRTIÓ...

¡CUIDADO, VIAJERO, POR-QUE HOSO NO KAMI ES UN DE-MONIO! ¡UN DEMONIO!

AFLIGIDO POR LO QUE LE PUDIERA HABER PA-SADO A SU AMADA O HARU SAN, NIKOTUCHI DEJÓ AL MERCADER EN SU TIENDA.

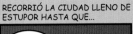

¡OH!

ENCONTRÓ UN GRUPO DE JÓVENES LLORANDO, APIÑA-DOS AL FONDO DE UN CA-LLEJÓN SIN SALIDA.

ABATIDOS POR LA PROFUNDA PENA QUE SÓLO EL AMOR NO CORRES-PONDIDO PUEDE CAUSAR, LLORA-BAN DESCONSOLADOS...

ROTOS.

¡BAH! NO PRESTES ATENCIÓN A ESTOS IDIO-TAS.

ESTAS ALMAS EN PENA HAN SIDO HECHIZADAS POR LA MAGIA MÁS PODEROSA, CONDENADAS A SER MALGASTADAS, LLORANDO POR LO QUE NO PODRÁN POSEER JAMÁS.

¿Y QUÉ LOS HA REDUCIDO A ESTE ESTADO?

¡UNA MUJER!

LOS OJOS DE NIKO-TUCHI SE ILUMINARON ANTE LA POSIBILIDAD DE QUE SE TRATASE DE SU ESPOSA.

¿UNA MUJER?

SÍ. ALGUNOS DICEN QUE ES UNA DIOSA. YA HACE DÍAS QUE ES LA PRISIONERA DE HOSO NO KAMI, EL DEMONIO GUERRERO.

SI ESCUCHAS BIEN, LA OIRÁS CANTAR SOBRE SU ESPOSO. ESPERA QUE UN DÍA ÉSTE VENGA A LIBERARLA.

¡ES MI ESPOSA, O HARU SAN! ¡LA HE BUSCADO DURANTE AÑOS!

ENTONCES, ES A TI A QUIEN BUSCO.

"**D**URANTE AÑOS HE ESTADO BUSCANDO A ALGUIEN COMO TÚ, UN HOMBRE DISPUESTO A MATAR AL DEMONIO GUERRERO HOSO NO KAMI."

VEN...

TENGO ALGO PARA TI.

CUANDO HOSO NO KAMI LLEGÓ, SAQUEÓ LA CIUDAD Y ROBÓ LAS COSECHAS. MI ESPOSO ERA ENTONCES EL MEJOR GUERRERO DEL PUEBLO.

LUCHÓ CON VALOR CONTRA EL DEMONIO, PERO CAYÓ ANTE SU VELOZ ESPADA. EN EL MOMENTO DE LA MUERTE DE MI ESPOSO, JURÉ QUE HOSO NO KAMI SERÍA MUERTO...

CON ESTA ESPADA.

ERA DE MI ESPOSO, PERO TE LA DOY A TI. CÓGELA, LIBERA A TU MUJER...

¡Y VENGA A MI ESPOSO!

NIKOTUCHI EMPEZÓ EL ASCENSO A LA FORTALE-ZA DEL DEMONIO...

HOLA, BUEN SEÑOR. SOY BUSON, Y ÉL ES MI COMPA-ÑERO, BASHO.

PERO, A MEDIO CAMINO, SE ENCONTRÓ CON UN BUEY DE ASPECTO FATIGADO Y UN ELEFANTE PÁLIDO Y TEMBLOROSO.

DINOS, FO-RASTERO, ¿POR QUÉ CAMINAS POR ESTE SENDERO?

¿TIENES ALGO QUE VER CON EL GUERRERO QUE VIVE EN LA CIMA?

ME LLAMO NIKOTUCHI Y...

AUNQUE NO SEA MÁS QUE UN SIMPLE PESCADOR Y SE-GURAMENTE ME MATARÁ, HE VENIDO A ENFREN-TARME A HOSO NO KAMI...

"Y A LIBERAR A MI MUJER, O HARU SAN."

NOSOTROS TAMBIÉN QUERÍA-MOS LIBERAR A O HARU SAN DE SU PRISIÓN...

PUES SO-MOS SU PRIMER Y SEGUNDO MA-RIDO.

PORQUE, COMO TÚ, POR NUESTRA ESTUPIDEZ...

PERDIMOS A O HARU SAN.

"CUANDO ERA MI ESPOSA, SE ME APARECÍA COMO UNA BELLA GALLINA."

"ESPARCÍA PÉTALOS DE FLORES A MIS PIES A DIARIO, PERO MI VANIDAD ME IMPEDÍA CUMPLIR CON MIS OBLIGACIONES MARITALES Y, SINTIÉNDOSE IGNORADA, SE FUE."

Y ASÍ HABLÓ EL BUEY: "CUANDO ERA MI ESPOSA..."

"SEGUÍA MI ARADO CON LAS SEMILLAS. PERO, EN MI AFÁN POR SEMBRAR LA COSECHA, NO APRECIÉ SU TRISTEZA Y TAMBIÉN SE FUE."

ESPERÁBAMOS QUE NOS ACEPTASE DE NUEVO SI LA LIBERÁBAMOS...

PERO EL DEMONIO HOSO NO KAMI ES MUY FEROZ. ME HA HECHO PALIDECER DE MIEDO.

Y ME HA ROTO EL ESPINAZO. DINOS DE QUÉ SERVIMOS AHORA QUE SOMOS UN ELEFANTE COBARDE Y UN BUEY INÚTIL.

CUIDADO, NIKOTUCHI, LUCHAR CONTRA HOSO NO KAMI ES UNA CAUSA PERDIDA.

CON ESTAS PALABRAS DE AVISO, NIKOTUCHI REANUDÓ SU VIAJE.

Con una mezcla de miedo y de júbilo por encontrar al fin a su esposa...

Nikotuchi cruzó con cautela el puente que conducía a la fortaleza del demonio...

A medida que la noche se apoderaba del cielo, como por arte de magia...

¡Hoso no Kami!

Su miedo crecía más y más.

¡Me llamo Nikotuchi y he venido a retarte, para que liberes a mi esposa, o Haru san!

La única respuesta del demonio guerrero al reto de Nikotuchi fue el chirrido de la puerta, que parecía gruñir mientras se abría.

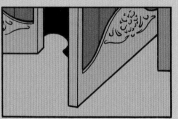

"¡NIKOTUCHI!"... SE OYÓ UNA VOZ ATRONADORA.

Y DESPUÉS SÓLO QUEDÓ EL SILENCIO.

Y, A TRAVÉS DE ALGUNA PEQUEÑA GRIETA EN LOS MUROS DE LA FORTALEZA, PODÍA OÍR A O HARU SAN GRITAR:

"¡VETE, NIKOTUCHI, Y SÁLVATE!"

DE LA SOMBRA DE LA PUERTA APARECIÓ...

LA GIGANTESCA FIGURA DEL DEMONIO GUERRERO, HOSO NO KAMI.

PESCADOR, ¿TE ATREVES A RETARME EN DUELO?

¡CREO QUE VOY A DISFRUTAR DESTROZANDO AL ESPOSO FAVORITO DE LA BELLA O HARU SAN!

AUNQUE NIKOTUCHI LUCHÓ CON VALENTÍA...

ERES UN VALIENTE BUFÓN, PESCADOR. PERO NI TU VALOR NI EL POCO APRECIO POR TU PROPIA VIDA ME VENCERÁN EN BATALLA. MI ESPADA YA HA MATADO A MUCHOS COMO TÚ EN EL PASADO.

¿POR QUÉ NO DEBERÍA HACER LO MISMO CONTIGO?

"SI HUBIESES SUPLICADO, TE HABRÍA MATADO SIN DUDARLO."

"AHORA RECOGE TU BASURA Y DÉJAME EN PAZ."

CAYÓ ANTE LA ÁGIL ESPADA DE HOSO NO KAMI.

¡DI LO QUE QUIERAS, DEMONIO, NO ME OIRÁS SUPLICAR POR MI VIDA!

¡O HARU SAN ES AHORA **MI** ESPOSA!

CABIZBAJO Y AVERGONZADO POR LA DERROTA, NIKOTUCHI ABANDONÓ LA FORTALEZA Y A SU MUJER, PRISIONERA.

LA TARDE SIGUIENTE, NIKOTUCHI VOLVIÓ A LA FORTALEZA DE LA MONTAÑA, PARA INTENTAR RECUPERAR A SU ESPOSA.

SI NO PUEDO GANAR SU LIBERTAD, LA ROBARÉ.

MI PACIENCIA SE ACABA, O HARU SAN. TE LO PREGUNTARÉ DE NUEVO, COMO LLEVO HACIENDO LAS ÚLTIMAS CINCO LUNAS: ¿ME ACEPTAS COMO ESPOSO?

Y CON LA QUINTA LUNA COMO TESTIGO, TE RECHAZO COMO ESPOSO.

ENTONCES PERMANECERÁS EN ESTA PRISIÓN HASTA QUE ME ACEPTES.

ERES UNA ESTÚPIDA POR RECHAZARME.

DURANTE MEDIA NOCHE BUSCÓ UN PUNTO DÉBIL EN EL MURO DEL PALACIO, POR EL QUE PODER ENTRAR.

¿QUÉ ES ESTO?

¡UNA GRIETA EN EL MURO!

"SERÍA INTELIGENTE CAMBIAR DE IDEA, NO SEA QUE MI ESPADA SE ENCUENTRE CON EL CUELLO DE TU MARIDO."

Y DEJÓ A O HARU SAN LLO-RANDO HASTA QUE SE DURMIÓ.

"O HARU SAN."

SE OYÓ UNA VOZ A TRAVÉS DEL MURO DE LA PRISIÓN.

"¡O HARU SAN!"

NIKOTUCHI, ¿ERES TÚ?

DIJO ELLA CON TIMIDEZ, MIENTRAS SE SECABA LAS LÁGRIMAS DE LAS MEJILLAS.

ESPOSO, DEBES ALEJARTE ANTES DE QUE VUELVA EL DEMONIO. ME HA AMENAZADO CON MATARTE SI NO ME CASO CON ÉL.

PERO NIKOTUCHI NO QUISO ABANDONARLA.

"PUESTO QUE MI ENGAÑO FUE LA CAUSA DE TU ENCARCELAMIENTO..."

MI DE-BER ES LIBE-RARTE.

"ASÍ QUE ME QUEDARÉ AQUÍ, A TU LADO..."

NO, POR FAVOR.

"AUNQUE ESO SIGNI-FIQUE SACRIFICAR..."

"MI PROPIA VIDA."

LA NOCHE SIGUIENTE...

A LA FORTALEZA DEL DEMONIO GUERRERO HOSO NO KAMI.

FIEL A SU PALABRA, NIKOTUCHI VOLVIÓ...

AUNQUE ESTABA CONVENCIDO DE CUÁL SERÍA SU DESTINO...

SIGUIÓ ADELANTE...

ARMADO CON POCO MÁS QUE UNA ESPADA PARTIDA, RECORDÁNDOSE A SÍ MISMO SU PROMESA.

LLEGÓ A LA ENTRADA A LOMOS DE BASHO, EL GRAN ELEFANTE...

Y, PARA ASEGURARSE LA LIBERTAD DE O HARU SAN, IBA ACOMPAÑADO DE BUSON, EL HONORABLE BUEY...

Y DE UNA HORDA DE ALDEANOS FURIOSOS A LOS QUE HOSO NO KAMI HABÍA MALTRATADO DURANTE AÑOS.

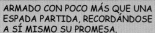

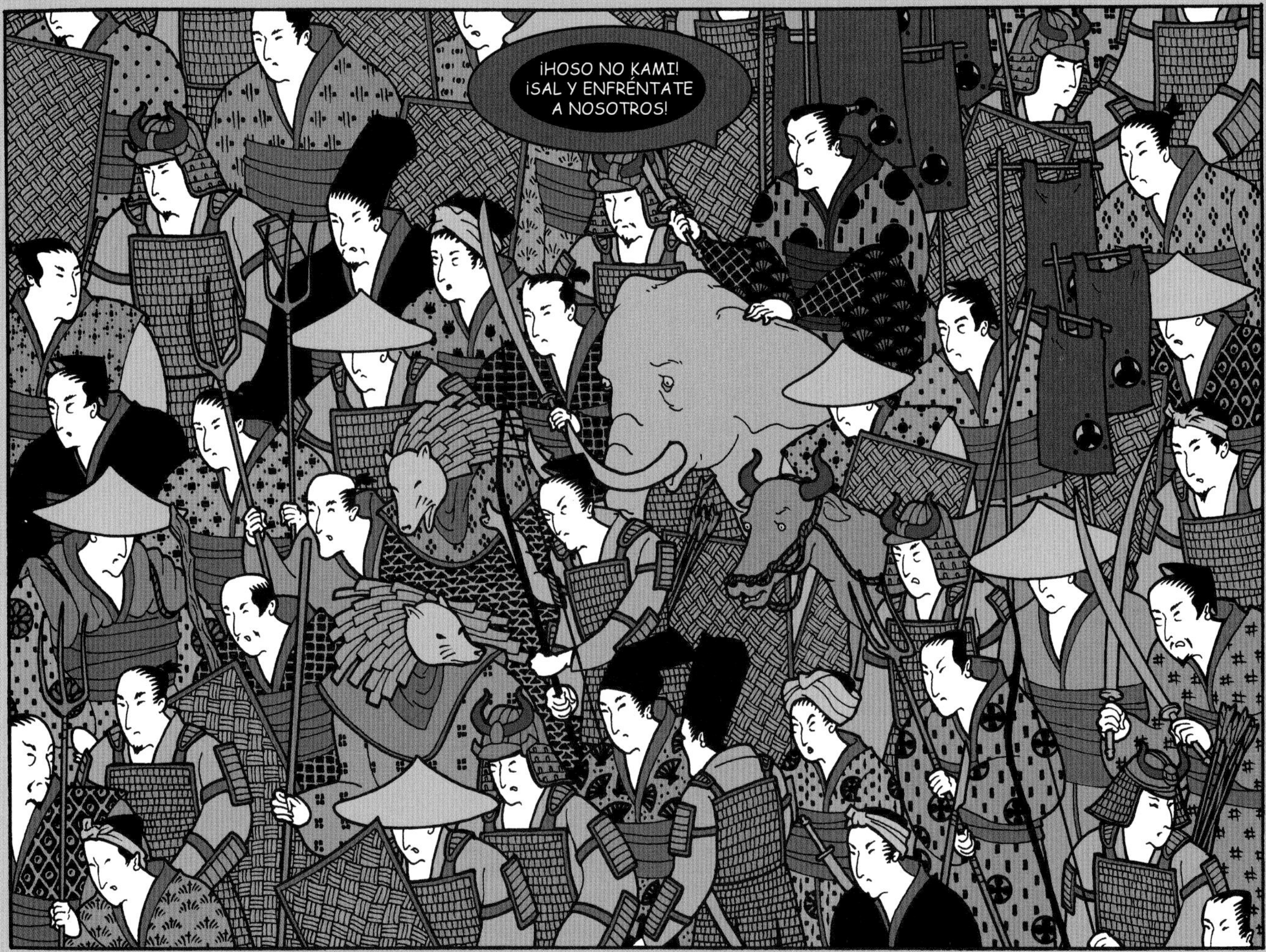
¡HOSO NO KAMI!
¡SAL Y ENFRÉNTATE
A NOSOTROS!

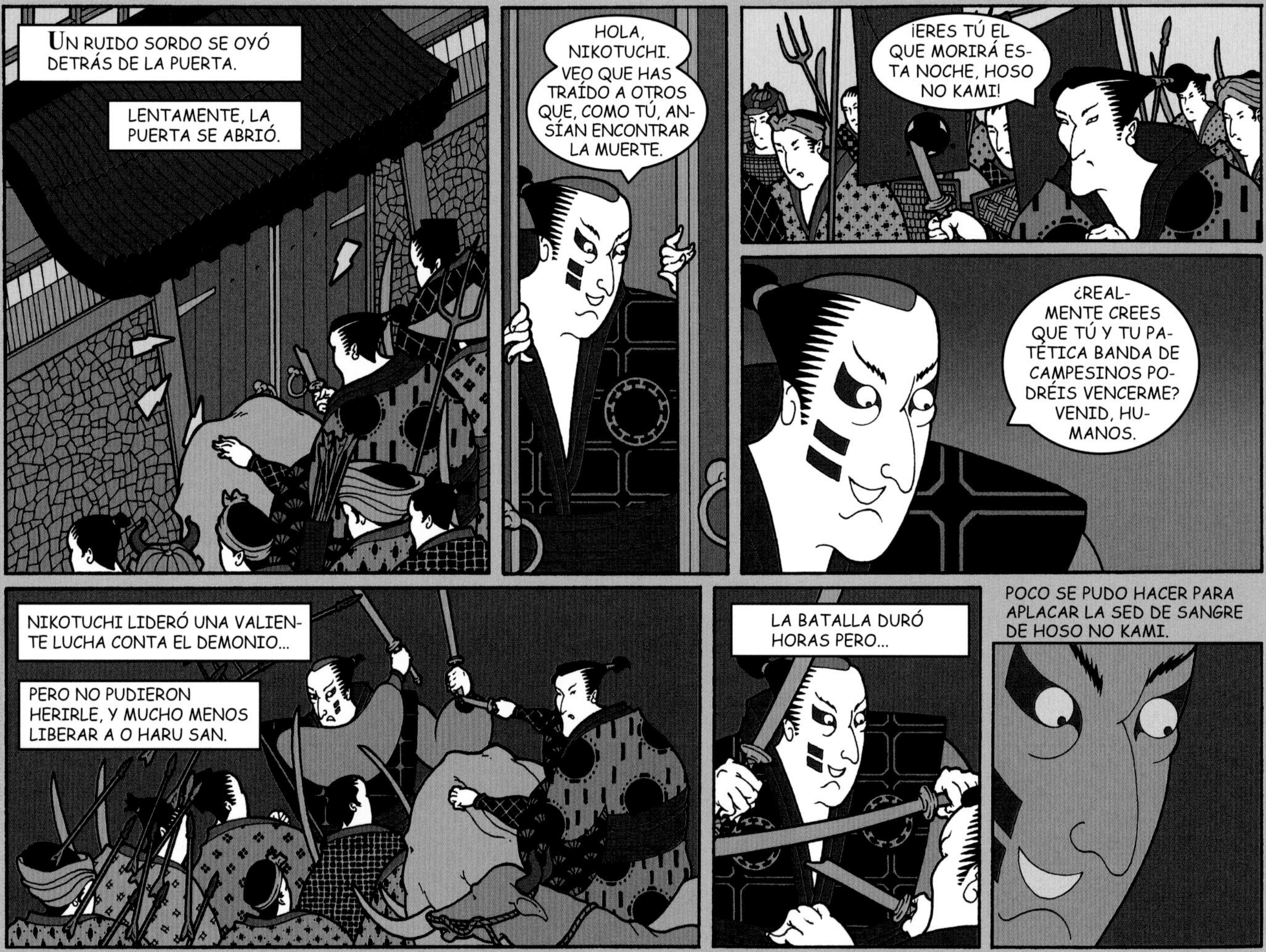
UN RUIDO SORDO SE OYÓ DETRÁS DE LA PUERTA.
LENTAMENTE, LA PUERTA SE ABRIÓ.
HOLA, NIKOTUCHI. VEO QUE HAS TRAÍDO A OTROS QUE, COMO TÚ, AN-SÍAN ENCONTRAR LA MUERTE.
¡ERES TÚ EL QUE MORIRÁ ES-TA NOCHE, HOSO NO KAMI!
¿REAL-MENTE CREES QUE TÚ Y TU PA-TÉTICA BANDA DE CAMPESINOS PO-DRÉIS VENCERME? VENID, HU-MANOS.
NIKOTUCHI LIDERÓ UNA VALIEN-TE LUCHA CONTA EL DEMONIO...
PERO NO PUDIERON HERIRLE, Y MUCHO MENOS LIBERAR A O HARU SAN.
LA BATALLA DURÓ HORAS PERO...
POCO SE PUDO HACER PARA APLACAR LA SED DE SANGRE DE HOSO NO KAMI.

A PESAR DE LOS ESFUERZOS DE NIKO-TUCHI, A LA MAÑANA SIGUIENTE SU EJÉRCITO HABÍA CAÍDO EN MANOS DEL DEMONIO GUERRERO.

AL FINAL, SÓLO QUEDABAN EN PIE UNOS POCOS.

Y LOS QUE PUDIERON SE RETIRARON.

PERDÓNANOS, PESCADOR, PERO SI TODO UN EJÉRCITO NO PUEDE VENCER A HOSO NO KAMI, NO QUEDA ESPERANZA.

HE VENCIDO DOS VECES A TU NIKOTUCHI EN BATALLA. HE DEMOS-TRADO QUE SOY UN GUERRERO.

¡PERO SIGUES SIN ACEPTARME CO-MO ESPOSO! TE DEJO ELEGIR: ACEPTA MI PROPUESTA DE MATRIMONIO...

O ESTO.

"LE QUITÉ LA ESPADA A TU MARIDO EN LA BATALLA. ESPERO QUE, A DIFE-RENCIA DE ÉL, ME ESCOJAS A MÍ..."

"Y NO A LA MUERTE."

NIKOTUCHI...

EL DEMONIO RIÓ AL SALIR DE LA HABITACIÓN.

AHORA ME DOY CUENTA DE QUE TÚ ERAS MI VERDADERO AMOR. SIENTO HABERTE ABANDONADO, HOSO NO KAMI NO ESTARÁ CONTENTO, YA QUE NOS REUNIREMOS EN LA MUERTE.

PERO, MIENTRAS O HARU SAN ALZABA LA ESPADA DE NIKOTUCHI PARA HUNDIRLA EN SU PECHO...

OYÓ UNOS GOLPES EN EL MURO DETRÁS DE ELLA.

O HARU SAN, SOY YO, NIKOTUCHI.

PERO, CREÍA QUE HABÍAS MUERTO EN BATALLA.

CASI TODO EL EJÉRCITO CAYÓ, PERO YO ESTUVE ENTRE LOS AFORTUNADOS. ESCAPÉ CON VIDA Y, NO TEMAS, NO DESCANSARÉ...

HASTA QUE TE LIBERE.

PERO TE MATARÁ...

O HARU SAN EMPEZÓ A LLORAR.

NO PUEDO DEJAR QUE TE SACRIFIQUES POR MI LIBERTAD.

PERO, A DIFERENCIA DE LAS LÁGRIMAS EN EL JARDÍN DE SU MARIDO, ÉSTAS NO FORMARON UN RÍO POR EL QUE PODER ESCAPAR...

SINO QUE DE ELLAS NACIÓ UN POZO DE AGUA DE MAR.

SÉ QUE, AUNQUE ME LIBERES, MIENTRAS YO VIVA...

"NUNCA ESTARÁS A SALVO DE LAS GARRAS VENGATIVAS DE HOSO NO KAMI."

MIENTRAS EL NIVEL DEL AGUA SE ELEVABA EN LA HABITACIÓN...

CERRÓ LA GRIETA DE LA PARED CON LA ESPADA DE NIKOTUCHI...

Y SE DEJÓ AHOGAR EN UN MAR DE LÁGRIMAS.

¿O HARU SAN?

¡¿O HARU SAN?!

ALARMADO PORQUE YA NO OÍA A O HARU SAN, NIKOTUCHI SE ASUSTÓ.

O HARU SAN, ¿POR QUÉ NO ME RESPONDES?

SU MIEDO CRECIÓ CUANDO OYÓ LA AVALANCHA DE AGUA DETRÁS DE LOS MUROS.

¡OH, NO!

CON POCAS ESPERANZAS DE ALCANZAR A SU ESPOSA...

NIKOTUCHI EMPEZÓ A ARAÑAR LA PIEDRA.

CUANDO LAS LÁGRIMAS DE O HARU SAN LLENARON LA INMENSA FORTALEZA DESDE EL INTERIOR, ÉL CONTINUÓ ESCARBANDO EN EL GRAN MURO.

Y AL FINAL PUDO A VER LOS FRUTOS DE SU ESFUERZO PUES, DE AQUELLA PEQUEÑA GRIETA, HIZO UN AGUJERO EN LA FORTALEZA.

HASTA...

"¡O HARU SAN!"

O HARU SAN HABÍA ESCAPADO DE SER ARRASTRA- DA AL COGERSE DE LA ESPADA ROTA CLAVADA EN LA ROCA.

"CREÍA QUE TE HABÍA PER- DIDO", LLORÓ NIKOTUCHI.

Y CUANDO LA COGIÓ EN SUS BRA- ZOS, LA FORTALEZA SUCUMBIÓ A LA CORRIENTE.

NO TEMAS. JUNTOS ESTA- MOS A SALVO...

SE OYÓ UN FURIOSO ESTRUENDO DETRÁS DE ELLOS...

LA FORTALEZA SE VINO ABAJO...

Y EL DEMONIO HOSO NO KAMI QUEDÓ A- PLASTADO BAJO UN MONTÓN DE RUINAS.

"Y DESDE HOY SIEMPRE ESTARÉ CONTIGO."

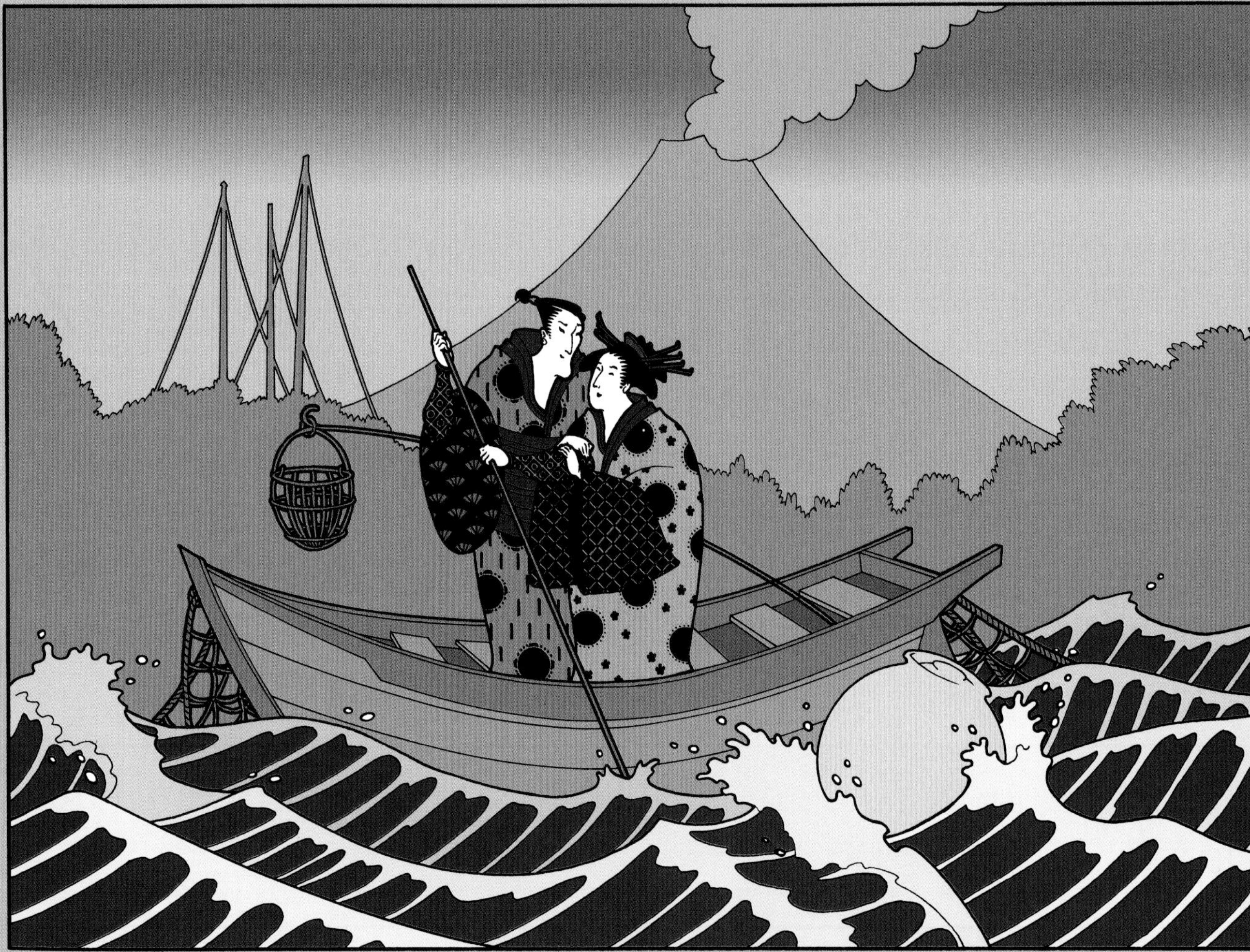

FIN

MUCHOS SON LOS ALDEANOS DE ESTE PEQUEÑO PUEBLO...

QUE COINCIDEN EN EL HECHO...

DE QUE EL LUGAR MÁS BELLO DEL IMPERIO...

ES EL ELEGANTE JARDÍN...

DE UN HUMILDE MONJE LLAMADO ISSA.

PASEANDO POR ESTA MARAVILLA, UNO PUEDE APRECIAR EL DURO TRABAJO...

DE UN MAESTRO ARTESANO...

QUE PRESTA ATENCIÓN A LOS DETALLES MÁS PEQUEÑOS.

 LOS DOS CRISANTEMOS

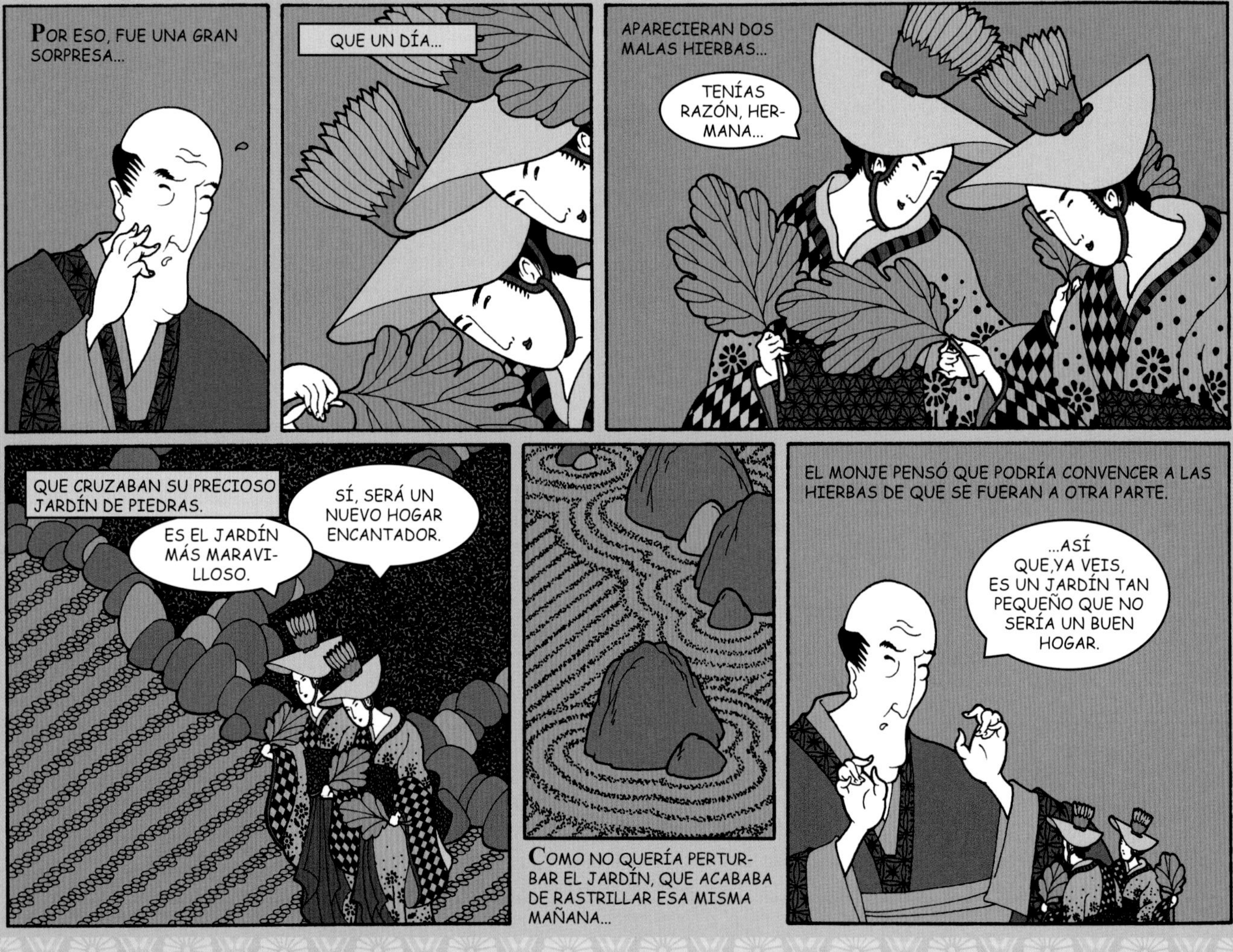

POR ESO, FUE UNA GRAN SORPRESA...
QUE UN DÍA...
APARECIERAN DOS MALAS HIERBAS...
TENÍAS RAZÓN, HERMANA...
QUE CRUZABAN SU PRECIOSO JARDÍN DE PIEDRAS.
ES EL JARDÍN MÁS MARAVILLOSO.
SÍ, SERÁ UN NUEVO HOGAR ENCANTADOR.
COMO NO QUERÍA PERTURBAR EL JARDÍN, QUE ACABABA DE RASTRILLAR ESA MISMA MAÑANA...
EL MONJE PENSÓ QUE PODRÍA CONVENCER A LAS HIERBAS DE QUE SE FUERAN A OTRA PARTE.
...ASÍ QUE,YA VEIS, ES UN JARDÍN TAN PEQUEÑO QUE NO SERÍA UN BUEN HOGAR.

PERO NO PUDO CONVENCERLAS.

¡OH, NO SEAS TONTO!

¡HAY MUCHO SITIO!

ASÍ QUE, CONTENTAS, PLANTARON SUS RAÍCES EN EL CENTRO DEL JARDÍN.

Y EL MONJE PENSÓ...

TAL VEZ, SI LAS DEJO EN PAZ, SE ABURRIRÁN Y SE IRÁN.

ASÍ QUE ESPERÓ. PASARON LAS SEMANAS PERO LAS MALAS HIERBAS NO SE IBAN.

PARECÍAN MUY CONTENTAS DE QUE NADIE LAS MOLESTASE EN SU NUEVO HOGAR.

SI EL ABURRIMIENTO NO LAS CONVENCE PARA IRSE, LAS MOLESTARÉ CON MI AMABILIDAD.

ASÍ QUE EN LOS DÍAS SUCESIVOS...

INTENTÓ SER INSOPORTABLEMENTE ATENTO.

ESPERO NO ESTAR REGÁNDOOS DEMASIADO.

NO, ES REFRESCANTE.

REGARLAS DEMASIADO NO FUNCIONA...

POR MUCHO QUE LAS REGARA...

PODARA...

O RASTRILLARA SOBRE SUS RAICES...

NO CONSIGUIÓ QUE LAS DOS MALAS HIERBAS ABANDONARAN EL JARDÍN.

UN DÍA, MIENTRAS CUIDABA DE SU JARDÍN, COMO TODAS LAS MAÑANAS, ISSA DESCUBRIÓ...

PARA SU SORPRESA...

¡OH!

QUE A LAS MOLESTAS HIERBAS QUE HABÍA INTENTADO ECHAR DE SU JARDÍN...

LES HABÍAN EMPEZADO A SALIR DOS CAPULLOS DE INUSUAL BELLEZA...

UNO AMARILLO Y OTRO BLANCO.

LAS MALAS HIERBAS HABÍAN FLORECIDO Y AHORA ERAN LOS DOS CRISANTEMOS MÁS BELLOS QUE EL MONJE HABÍA VISTO JAMÁS.

¡QUÉ MAJESTUOSA FORMA TIENEN ESTAS FLORES DE TAN HUMILDE TIERRA! ¡QUÉ TONTO HE SIDO!

EL MONJE ESTABA TAN ORGULLOSO DE LOS DOS CRISANTEMOS...

QUE LES RESERVÓ UN LUGAR ESPECIAL EN EL JARDÍN.

MUY CONTENTAS, SE CONVIRTIERON EN LA ATRACCIÓN PRINCIPAL...

EN EL CENTRO DEL PRECIADO JARDÍN DEL MONJE.

LAS HISTORIAS DE LA BELLEZA DE LAS DOS FLORES ATRAJERON A MUCHOS ALDEANOS, ALGUNOS DE LOS CUALES VIAJARON MUCHAS MILLAS...

PARA VER LAS FLORES DE ISSA.

¡LAS HISTORIAS SON CIERTAS!

SON LAS FLORES MÁS BELLAS QUE JAMÁS HE VISTO.

¡CREO QUE VOY A LLORAR!

EXCLAMABAN LOS ALDEANOS CON ADORACIÓN.

ERAN ESTRELLAS.

PERO, A PESAR DE LA ADMIRA-CIÓN Y LOS CONSTANTES ELOGIOS DE LOS ALDEANOS POR AMBOS CRISANTEMOS...

ERA EVIDENTE...

QUE PREFE-RÍAN A UNA DE ELLAS.

LAS DOS SON ENCANTADORAS, PERO UNA ES MÁS BELLA.

LA AMARILLA ES LA PERFECTA REPRESENTACIÓN DEL SOL.

ES INCLUSO MÁS BELLA AL LADO DE ESA IMPERFECTA FLOR BLANCA.

PRESENCIAR SU VITALIDAD ES TODA UNA EX-PERIENCIA.

ASÍ QUE EL MONJE LAS SEPARÓ.

ADIÓS, HERMANA.

¿Y QUÉ SERÁ DE MÍ?

AL SER MUCHO MÁS BELLA QUE SU HERMANA...

A LA FLOR AMARILLA SE LE DIO UN LUGAR ESPECIAL EN EL JARDÍN DEL MONJE.

ASÍ PODÍA SER ADMIRADA CON MÁS FACILIDAD.

PROTEGIDA DEL SOL Y CON LAS RAÍCES ADORNADAS CON HOJAS DE COLORES, TODAS LAS NECESIDADES DEL CRISANTEMO AMARILLO ERAN ATENDIDAS.

TODAS SUS NECESIDADES EXCEPTO UNA, YA QUE NO IMPORTABA CUÁNTO LA MIMARAN...

SIGH.

SE SENTÍA MUY TRISTE.

PUES... ¿CÓMO PODRÍA SER FELIZ SIN LA COMPAÑÍA DE SU HERMANA?

EL INVIERNO FUE ESPECIALMENTE DURO PARA LA FLOR BLANCA.

A DIFERENCIA DE SU HERMANA, A QUIEN LE DIERON HOJAS PARA MANTENERSE CALIENTE...

ELLA NO TENÍA NADA.

LA ESCARCHA LA HACÍA PALIDECER MÁS Y MÁS.

EL FRÍO MANTENÍA ALEJADOS A LOS ALDEANOS...

E ISSA HABÍA OLVIDADO OCUPARSE DE ELLA.

PRONTO, EL CRISANTEMO BLANCO ENFERMÓ. SE SENTÍA SOLO.

EL AMARGO INVIERNO SE ENSAÑABA SOBRE EL JARDÍN DEL MONJE.

AUNQUE ENFERMA, LA FLOR BLANCA INTENTABA AGUANTAR LAS TORMENTAS.

LAS DURAS NEVADAS MARCHITAN A ESTA ORGULLOSA FLOR.

ME RINDO.

AL FINAL DEL INVIERNO, LAS TORMENTAS CESARON Y EL JARDÍN RECIBIÓ UNA MISTERIOSA VISITA.

SE PRESENTÓ COMO EL SEGUNDO HIJO DE UNA FAMILIA DE NOBLE ESTIRPE.

MI PADRE ME HA ENVIADO PARA ENCONTRAR UN NUEVO SÍMBOLO PARA NUESTRO BLASÓN.

ENTONCES HABÉIS VENIDO AL LUGAR ADECUADO, VIAJERO.

CUENTAN QUE SU JARDÍN, DE ENTRE TODOS LOS DEL IMPERIO, ES EL MÁS BELLO.

"HE VENIDO DE MUY LEJOS PARA VER POR MÍ MISMO SU BELLEZA."

"AQUÍ ESPERO ENCONTRAR UN SÍMBOLO QUE REPRESENTE LA NOBLEZA DE MI FAMILIA."

CON ALEGRÍA, EL MONJE ENSEÑÓ EL JARDÍN A AQUEL NOBLE.

TENGO UNA FLOR ENCANTADORA PARA VOS.

PERO, PARA SORPRESA DE ISSA, SU INVITADO PASÓ POR ALTO EL FAMOSO CRISANTEMO AMARILLO...

¿QUÉ ES ESTO?

CUANDO VIO ALGO ENTERRADO EN LA NIEVE.

ESTA PEQUEÑA FLOR... TAN BLANCA QUE APENAS SE VEÍA EN LA NIEVE.

COMO YO, SE HA ENFRENTADO SOLA AL INVIERNO.

"CON SU SOMBRÍA BELLEZA, SERÁ EL SÍMBOLO PERFECTO."

"UNA FLOR ABANDONADA PARA UN *SEGUNDO HIJO*."

SI NO HUBIESE ESTADO TAN CIEGO Y NO HUBIESE OLVIDADO MI DEBER DE JARDINERO, ESTO NO HABRÍA PASADO.

PIDIENDO PERDÓN, EL MONJE LE SUPLICÓ...

POR FAVOR, QUÉDESE CON LA FLOR.

Y ASÍ FUE COMO AQUEL NOBLE DEVOLVIÓ LA SALUD A LA FLOR BLANCA...

Y ADOPTÓ SU IMAGEN PARA SU BLASÓN.

Y COMO A SU HERMANA MÁS FAVORECIDA, LA FLOR AMARILLA...

AL POBRE CRISANTEMO BLANCO TAMBIÉN LE DIERON EL LUGAR DE HONOR QUE SE MERECÍA.

FIN

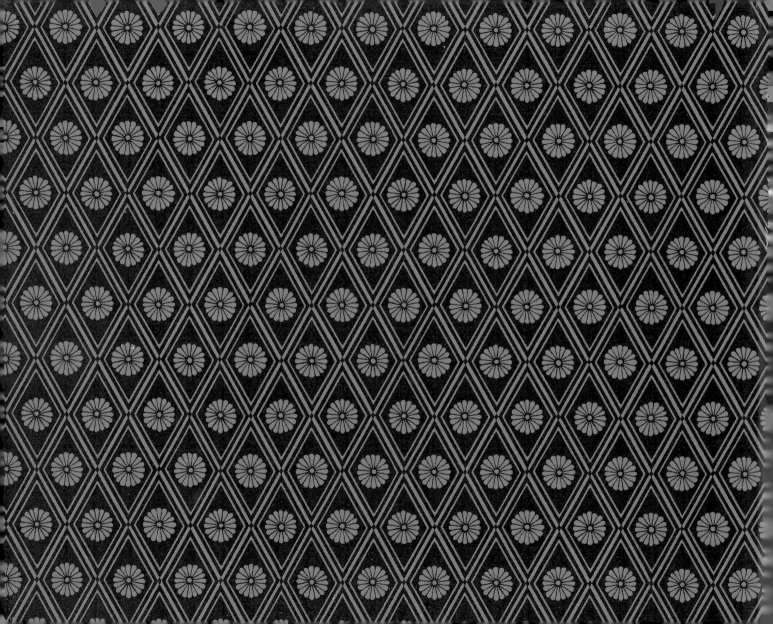